U0028004

我們愛過很多人，就是不曾愛自己

跟自己談一場 21+1 天的戀愛

口罩男—著

suncolor
三采文化

Love Yourself

當妳大笑的那刻，
就是他後悔的開始

「妳不先愛自己，要誰來愛妳？」

這麼簡單的一句話，能做到的人又有幾個？明明對自己好、做自己、愛自己，是這麼簡單又理所當然的事情啊。難道妳從小到大都是過著虐待自己，像個苦行僧一樣的生活嗎？我想不是的。

妳會善待自己，你有目標、有計畫、有興趣、會去旅行、會買新衣、會學習、會工作、會從生活中找到各種樂趣，那段日子的妳，笑容是妳的常駐技能，走到哪就像一個發光發熱的小行星一樣。

但為何投入愛情世界之後，妳這樣的天賦技能卻似乎像被所愛對象，施加了忘卻魔法一樣，讓人怎麼想都想不起來？

從什麼時候開始，妳愛得遍體鱗傷；

從什麼時候開始，妳愛到傷心欲絕；
從什麼時候開始，妳愛到連自己都討厭起自己？

如果，在每一段愛情的開始之前，我們都能掌握著「愛人七分、愛自己三分」的原則，那是不是無論最後結局是如何，至少鏡子面前的我們，都還會記得怎麼微笑？

是啊……有多久沒有發自內心好好大笑一場了？
有多久沒有為了自己好好打扮？
有多久，沒有為自己好好努力一次？

我也曾經迷失在那種日子裡，過著如行屍走肉的生活，對任何事都悲觀想放棄。我上班不修邊幅、可以好幾天不洗澡，我一度憔悴瘦到皮包骨還不自覺；我抽菸酗酒、夜夜笙歌，只為了麻醉自己。

但是，我很幸運，我有著一群愛著我的家人、朋友和同事。他們給了我很多想法跟希望，讓我可以借用他們的力量增強自己的決心。最後，我走了出來，也找到屬於自己的幸福。

我希望將這些經驗、力量和讀者真實故事，與同樣身處於無助想放棄的妳分享，給妳多增加一分力量。

某一天，我年邁的母親突然感性地說：

「一輩子真的很短，記得當初你跟姐姐，還在我懷裡哭哭啼啼，現在都當人家父母了；你爸爸常背著你跟客人談生意，現在不知道過世多久了⋯⋯」

人生無常，我不想一輩子就這樣，得過且過。

我們的記憶只會有這一次，我要笑著過完這一生，而不是老為了別人而哭著過一世。

面對那些曾經讓我哭過的人，我要告訴自己：「當我大笑的那一刻起，就是你們後悔的開始。」

讓我們用 21 天的時間，一天一天尋回遺失許久的微笑吧！

這一次，不是為了別人，而是為了自己。

要別人喜歡自己之前，你就必須先喜歡自己。

討厭今天的妳，無所謂，那我們就喜歡上明天的自己。

這一次，就算花再多時間跟代價，

也要學會，開始愛自己。

——口罩男

目錄
contents

自序　當妳大笑的那刻，就是他後悔的開始　　　　　8

$Step/$ 認清

Day1　什麼時候開始，變成了這樣的自己　　　　18

Day2　再也不是當初那個美麗的妳　　　　26

Day3　當外表、體型都逐漸走樣　　　　34

Day4　追妳的時候，說得那麼好聽　　　　44

Day5　他是不是，越來越不愛妳了？　　　　52

Day6　越來越做自己的他，越來越討厭自己的妳　　　60

Day7　一生中總有一位這樣的人，讓自己愛得這麼傻　　　66

$Step2$ 放下

$Day.8$ 無法再相信愛情，或是無法相信自己？   76

$Day.9$ 出現的那個她，真的比妳好？   82

$Day.10$ 自己都不珍惜自己，又怎能奢望對方珍惜妳？   90

$Day.11$ 他曾答應的，從來沒做到   96

$Day.12$ 他就是爛，妳卻習慣了離不開   100

$Day.13$ 不是不想愛了，只是心累了   104

$Day.14$ 他的無所謂，妳看懂了嗎？   109

$Step3$ 重拾

Day15　蹚了愛情這渾水，誰沒挨上幾刀　　116

Day16　把時間拿回來，好好對待自己　　120

Day17　愛情不是人生唯一，分配重心很重要　　127

Day18　在感情裡，妳沒必要當一個爛好人　　131

Day19　心夠獨立強大，界線就能劃分清楚　　135

Day20　別傻得以為，妳鐵定離不開　　144

Day21　一切的夢想，都有可能成真　　150

後記　第 21+1 天，新的自己，現在開始！　　156

妳不先愛自己，要誰來愛妳？

永遠要記住，

妳永遠都是主宰自己命運的主人。

做一個有價值、智慧並且聰明的女人。

Step/
認清

什麼時候開始，
變成了這樣的自己

曾經有個女孩，是那樣樂觀、天真又動人，水汪汪大眼與及腰長髮，對什麼事物都充滿著朝氣，這樣樂觀進取的她，原本有著大好未來。

因為男孩的一句：「嫁給我吧，我會給妳幸福。」她感動得流淚並且微笑著答應。

但走入婚姻生活後的她，開始有了許多的責任，她除了要學習如何當一個好老婆之外，更要學習怎麼當一個好媽媽、好媳婦。這三種角色，一個比一個難，一個比一個苦。生活的壓力、照顧小孩的疲倦，跟每天必須面對著婆家人的各種情緒……

不知道什麼時候，她開始不施脂粉；
不知道什麼時候，她剪去了及腰的長髮；

不知道什麼時候，她開始變得斤斤計較；
不知從什麼時候開始，她變成了大家眼中的黃臉婆。
而他也不知道從什麼時候開始，變了心。

有了新人忘舊人，找了新歡忘舊愛。
卻不知道，現在的新人也會是以後的舊人，
他新歡的樣子，不也正是幾年前的舊愛嗎？

男人不要被自己幻想中，虛構與「新歡」那不切實際的美好生活所迷惑，而忘記了，再多美好跟激情，也抵擋不了長期生活之後，每天所必須面對「柴米油鹽醬醋茶」的消耗。

他究竟是給錯誤的兩個人，重新尋找幸福的一個機會；還是給一時犯迷糊的自己，有個做錯誤決定的機會？先生，千萬要想清楚。

走對路，前面是美好世界幸福洋溢；
反之，走錯，可是萬丈深淵一去不復返。

不過慶幸的是，他的決定，能讓她不用再老是苦惱怎麼當一個好老婆跟好媳婦，只當個好媽媽，真的比前面兩個身分，要來得簡單也單純多。

漸漸地，她留回以前及腰的長髮；

漸漸地，她拿出許久不用的化妝品；

漸漸地，她買東西不用再看人臉色；

漸漸地，她不必再煩惱老公今晚回不回家。

漸漸的……我相信有一天，那個樂觀、天真又動人的小女孩，會再一次出現在大家眼前。我堅信著。

美麗魔法 1

讀者感動實證：幸福，不是神話

以下是讀者來信寫給我的故事。

她是一位美甲彩繪師，也是第一位願意親自站出來，分享自身故事鼓勵大家的朋友。

「歷經了失敗的婚姻，我曾一度想不開，覺得離婚是人生最悲慘的事，更覺得自己很沒用，要讓孩子承受單親的壓力、讓父母傷心。那時的我，害怕別人看我的眼光，好一段時間根本停不住眼淚，過著不像人的生活。孩子看我每天哭，也跟著哭，我才驚覺這樣下去不行，我還有養育她們的責任。

在偶然的機會之下，我看到了口罩男的文章，我崩潰了。當下，我看著鏡子裡的自己，又胖、又老、又醜、又沒精神，但我⋯⋯才 33 歲。我有多久沒好好打理自己？離婚前，每天為了家庭工作賺錢、辛苦照顧孩子，那我自己呢？

我站上體重計，體重達到人生巔峰——90 公斤。我當下意識到，如果連我都沒有辦法愛自己，也就等同於喪失了愛人的能力！所以，我立志讓自己從悲傷中走出來。努力工作，自己

賺錢養小孩，陪伴孩子、持續運動，努力找回以前的笑容和自信。

半年後，靠著意志力，我瘦了 20 公斤，開始不再害怕照鏡子，也擺脫離婚的低潮，找回了遺失已久的笑容。現在的我，保持著樂觀的心，因為我知道：離婚不可恥，老天爺只是讓我有機會遇見更好的人！

身邊的朋友問我：『妳放下了嗎？』

是的，我放下了過去回憶，我好不好與他再無關聯！我現在只想往前走，因為我堅信，每一個故事的結束，會帶來另一個故事的開始。總有一天，幸福會以另一種方式歸來。

我相信世上還有更多比我還辛苦難熬的妳，但不管遇到任何的低潮，一定要給自己一個機會，不要放棄！

生活總是高低起伏讓我們遍體鱗傷，但堅持相信自己能克服所有難過，最終，那受傷的痛處，一定會變成我們最強壯的地方。」

after

before

很開心故事中的讀者沒有放棄自己，也經由這件事了解，先愛自己才有能力愛別人！

女人一旦走入家庭，往往容易遺失自己，任勞任怨付出的結果，總是被視作理所當然。假使老公疼愛，那還有動力能繼續付出，但假使不疼呢？漸漸失去自我、失去光彩，還要不時被指責和比較。妳是很愛對方沒錯，卻忘了怎麼更愛自己一點。

離婚並不意味著失敗，離婚只是告訴自己，我們過去的選擇錯了，但我們還是有機會能修正跟彌補，而不是一錯再錯。不離開錯的人，怎有機會遇見對的人？

錯的人離開，對的人才能進來。別為了任何人放棄、否定自己，一雙不合腳的鞋子，換掉並沒有不好，勉強穿著只會受到更多的傷害，這世界上一定會有一雙鞋，能讓妳穿得舒服又自在，但前提是妳必須耐著性子，找到它。

只要肯放下不合腳的鞋，大步向前邁進，每個人都有重生解脫的可能，重新找回屬於自己的幸福跟自信，並不難。永遠要記住：

女人不是男人的附屬品；
女人也不該是誰的傭人。
妳永遠都是主宰自己命運的主人。
做一個有價值、智慧並且聰明的女人。

　　希望藉由故事讀者的成長，給正在迷惘放不下的妳們一點正面能量！敬女人、做自己的主人！

再也不是
當初那個美麗的妳

　　有讀者來信寫道，男友一直嫌她胖、要她減肥。每次跟朋友們出去，都故意說：「別人女友都這麼瘦，妳胖成這樣，真的讓我很沒面子。」讀者回應男友，若這麼愛嫌就分手，可是男友又改口聲稱只是開玩笑，是因為愛她，才希望她更好、更完美、更健康。讀者本身很努力地減肥，平時已經有一餐沒一餐，也因為試過很多朋友的偏方，導致內分泌失調皮膚變差，可是還是瘦不下來……

　　世界上有一種人，自己沒多好，卻老要求別人要多好；
　　自己沒多完美，卻老要求別人要完美。
　　「當你用一根手指來指責別人的時候，會有三根是指著自己的。」

通常讀者來信，我不看來信人的照片，因為讀者們的長相，與來信問題毫無相關。但這次我特地點了這位讀者的頭像，也看到了他們的合照，老實說，我不知道這位男生有哪一點可以挑剔女友的身材。

真要挑，我也能挑剔這位男生，一不高、二不壯、三肚子還太大……我可以講上一大串，但這一定會讓這位男生很不爽，畢竟被一個人生中毫不相干的人這樣說，任誰都會生氣。那這樣能懂這位女孩的心情了嗎？除了不爽之外，她還很傷心，因為傷她的偏偏不是別人，正是自己所愛的男人。

平心而論，這位女孩距離胖到危害身體健康，其實還差得遠，就算她真的胖到危害健康，為什麼不能多用一點誇獎和讚美來代替責罵？為什麼不能用行動與支持，來代替嫌棄？

其次，男生表面上說的是為了她的健康、為了身體好。但我想，更多還是自己在朋友圈的面子吧？真為了她的健康好，難道會讓她有一餐沒一餐地減肥？真為了她身體好，會眼睜睜看著她亂試偏方？真愛著她，會這麼在意她的外型？騙三歲小孩啊？

的確，我不能否認人都會有虛榮心，女友假使又辣、又高、身材又很好，帶出去的確能讓男人覺得很驕傲。

　　但，我們都要知道——
　　再美麗的花也會凋謝，季節再美也終將過季。
　　都是「遲早」的事。

　　更何況，當她真的努力到又美、又辣、身材又好，當初將人家嫌棄得一塌糊塗的人，又有什麼資格留住對方？

　　膚淺的男人看外表，聰明的男人看內在。

　　肉肉又如何？肉肉多可愛，何況，你不也「胖胖的」？
　　要減就一起減，不然請閉嘴。
　　女人的個性還有性格，才是決定——
　　妳未來究竟是「幸福」還是「辛苦」的關鍵。

美麗魔法 *2*
即刻行動：跟著口罩夫婦動起來！

　　如果瘦身、減肥只迷信偏方，以為吃幾個月就能瘦的話，那滿坑滿谷都是瘦子了。就算真讓妳瘦下來，那種瘦，頂多也是病態瘦，老實說真的不好看。

　　「體重」不是重點，重點是「體態」。

　　「運動與飲食控制」才是該學習與付出跟努力的要點。不論是有氧、重訓或計算熱量，都是妳現階段的功課。

　　很多女生都擔心重訓會變成金剛芭比，一點都不需要擔心。要「練成金剛芭比」的困難度非常高，屬於選手等級。她們的飲食控制跟訓練計畫，連男生都無法撐下去，並不是隨便吃一吃、練一練，就能變成的。

　　一般女生重訓，會變成金剛芭比的機率非常低，但要脫離泡芙人「軟綿綿」的狀態，讓身體在陽光底下看起來有線條、體態勻稱、穿衣好看，吃東西不易復胖的機率，將會非常高。

　　找出最能讓自己堅持下去的方式，將目標訂得更遠，計畫一個個慢慢來，不要因為短期看不出成效就灰心放棄。妳不是氣球，無法隨意放大或縮小。

　　改變需要時間，時間需要妳的堅持，加油了。

下面三項動作，建議各連續做 1 分鐘後休息 30 秒為一輪，每天可以重複五輪（依自己體力增加或減少）。

 掰掰蝴蝶袖　🕐 隨時　📍 家中各處
🏋 雙手各舉一個裝滿水的寶特瓶

＊動作順序 1→2→3→2→1，中間連續不停止為一組。

1

手臂往上自然抬至胸前，雙臂維持平行。

2

雙臂慢速向上舉高，同時手腕自然向外翻轉（連續動作不停頓）。腹部微微緊縮保持身體直立，不前傾或後仰。

3

雙臂舉至最高點，直到手腕完全翻轉朝外後，即可慢速依照原本活動路徑退回動作2，並接續回到準備動作1。

消消小腹婆　🕐 睡醒、睡前　📍 床鋪、軟墊上
🏋 雙腿間夾抱枕或玩偶

1

身體自然躺平，雙手輕放於
腹部上，大腿保持出力維持
姿勢，小腿與地面呈平行。

2

大腿與腹部同時出力向身
體抬起，小腿與地面繼續
維持平行，腳底板保持輕
鬆的姿勢。

3

大腿繼續向身體靠近，直
到膝蓋微微超過肚臍上
方，此時腹部緊縮感達到
最大後，即可慢速退回動
作2，並接回準備動作1。

＊動作順序1→2→3→2→1，中間連續不停止為一組。

召喚蜜桃臀　🕐 隨時　📍 椅子、桌邊等可扶手之處

1

雙手輕扶椅背或牆壁，身體維持中線垂直地板，小腿放鬆，大腿往上抬至與地面平行。

2

雙手輕扶椅背，身體維持中線垂直地板，腹部微微縮緊，臀部與大腿出力向後推，小腿微曲。

3
————————————

將大腿向後推到底，此時上半
身可以微微前傾，利用椅背保
持平衡，臀部感覺到繃緊後，
即可回到步驟1。

＊動作順序1→2→3→1，中間連續不停止為一組。

Day 3

當外表、體型
都逐漸走樣

　　胖子有錯嗎？胖就是醜嗎？當然不是，各人的美感跟渴望
的體態不一樣，但追求健康，我想是每個人都該堅持的方向。

　　我老婆懷孕時曾經最胖到 78 公斤（左下圖），我自己也
因為中年發福胖到 80 幾公斤（右下圖），後來我們夫妻倆便約

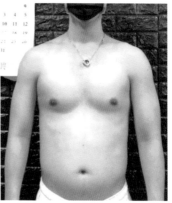

before

定，每晚趁小朋友睡著後，一起運動一個小時以上。一開始真的超累，也很想放棄，但看著照片與鏡子中的自己，一天一天有所不同，我們也漸漸喜歡並享受著運動。

我們與大多婚後的夫妻一樣，白天媽媽要顧小孩、爸爸要去上班，每天都覺得時間不夠用，放假只想要廢躺在床上大吃大喝。這種生活當然舒服，但享受的背後犧牲的卻是健康。身體一天比一天肥胖，精神越來越差，體力逐漸下滑，以為睡越久精神會越好，根本是大錯大錯。

長輩常說，要活就要動，當妳真的動起來時，才知道這句話有多中肯。

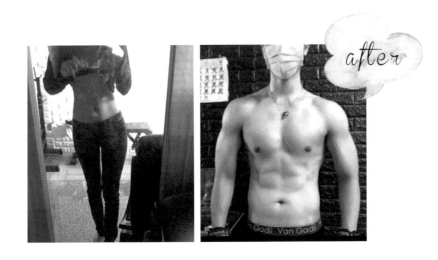

after

不要害怕沒有時間運動，時間像擠乳溝一樣，努力擠著擠著，也就出來了。

一天運動一個小時，一年也才 15 天左右，如果連這樣都不動起來的話，真的說不過去。當然，除了運動之外，選擇健康的食物來源也很重要。有的人，很認真運動，但也很認真地吃垃圾食物，他們認為：「我都這麼認真地運動了，當然可以大吃大喝，炸的、甜的、手搖飲料、精緻甜食、零食不用忌口。」

於是漸漸發現，為什麼這麼努力運動了，可體態還是一樣、體脂肪沒有降低？

因為你都在亂吃。

減脂並非只是單純吃得少、達到熱量赤字就好，還要吃得對、吃得乾淨。薯條、炸雞和可樂對人體的營養價值，跟馬鈴薯、牛肉、鮭魚、牛奶相比，可是天差地遠。

另外像是，有台可測量體脂肪的體重計，算出你每天所需要的 TDEE*，記錄妳每天體重的變化，都是在追求健康的道路上一些不錯的方法。

想要追求自己理想中的體態，也許短時間看不到成效，但

不要氣餒也別放棄，調整好心態，將目標拉長拉遠，不要忘記妳當初是為了什麼而開始。

　　將運動變成一種習慣，當習慣養成，妳一天沒動反而會全身不對勁呢！只要長期維持，身體也一定會回饋好處給妳。

　　世上沒有醜女人，只有懶女人。
　　夏天快到了，大家一起動起來吧！

※ TDEE：每日總消耗熱量（TDEE，Total Daily Energy Expenditure）

美麗魔法 *3*

即刻行動：跟著口罩夫婦動起來II

人年過三十後，肌肉逐年慢慢流失，代謝也會開始下降，因此雖然年輕時，怎麼吃喝都不會胖，但邁入中年之後，連呼吸都會胖，就是因為缺乏運動跟正確的飲食觀念。

有一種是看似很瘦，但卻不運動的人，他們往往體脂高、肌肉量低，手腳很細卻大著一個肚子，外界人稱泡芙人。運動前的我就是這樣，頭大肩膀小、四肢纖細，當時的我，連要抱起老婆都辦不到。

我那時候認為，吃少一點，甚至不吃，只要體重減輕就好、只要瘦就會好看，卻不知道「節食減肥法」是最糟糕的一種減肥法。

不要一味地節食、不吃，甚至迷信偏方。妳能一輩子都不吃不喝嗎？不可能。但妳卻可以一輩子保持運動習慣，千萬不要走錯路了。

常聽人說三分練七分吃，選擇健康的食物來源很重要。

after

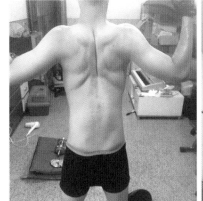

before

很多人會有疑問，既然算熱量就好，那將鹹酥雞、炸雞排、手搖飲料的熱量算好，不是一樣可以大吃特吃？

「當然不可以！」

一杯手搖飲料內含好幾十顆方糖，熱量直逼 300 ～ 400 多卡，而且成分容易造成脂肪堆積，還不如將這 400 卡「扣打」拿來吃肉、蔬菜加上一碗糙米飯跟水果。

燕麥片、牛奶、雞蛋、綠色蔬菜、雞胸肉、鮭魚、堅果、香蕉、酪梨、初榨橄欖油、無醣優格、地瓜、番茄等等，都是在我飲食菜單中的常客。每天攝取適當的綜合維他命、魚油等，都十分重要。

21days 戒手搖記錄表

手搖飲料是健康瘦身的大忌

這張表格能幫助妳追蹤每周喝手搖飲料的狀況。
跟著口罩男一起健康戒掉手搖吧。

謹記！均衡的營養素分配，才更容易維持健康的體態

1. 填上接下來一週的日期。
2. 若當天有喝手搖飲料，就在飲料上色；若那天沒有喝，就打一個叉。
3. 21 天後算算累積幾個叉，就是妳的成就！

日　期	飲　料	日　期	飲　料
	有喝手搖		沒有喝手搖
／		／	✕

＊範例

日 期	飲 料	日 期	飲 料
/		/	
/		/	
/		/	
/			

*將本頁印出後即可重複使用，每天記錄

Day 4

追妳的時候，
說得那麼好聽

有種男人最愛說：「我養妳，妳不用工作。」但是啊，聽信這種話的女人，假使到最後被騙，真的怪不得別人。在我看來，這樣的兩人，都有問題。

男人錯在，談戀愛最初，強烈想追到一個女人的時候，往往會開始放大招。先說一場美麗童話故事，再演幾幕經典橋段，將女人騙得春心蕩漾。可是啊……又說又演的，過沒多久就累得氣喘如牛、原形畢露。

男人啊，要嘛敬業點，既然演了，就演一輩子。不然就別在那邊裝，裝什麼啊！將自己裝得有多好，事後累了，才說女人要求多。

給不了的就不要假，做不到的就不要裝。假裝了、給了人希望之後，事後又讓人絕望。說穿了，不就只想「得到」對方

罷了。

再來談談女生，男人沒遵守約定是不對，但假若一開始妳沒有私心跟貪念的話，會被騙嗎？

當然，「不用工作，我養妳。」是多讓人心動的一句話！從此不用再看老闆臉色、不必再跟討厭的同事相處、天天睡到自然醒、天天好開心……

我當然不是說這種生活不好，每個人都想過這種無憂無慮的生活。但是，有本事就靠自己，如果是要靠著別人才能過上這種生活的話，三個字……不踏實。

養能養多久？拿人手短、吃人嘴軟，這道理難道沒聽過嗎？

要記住，天下沒有白吃的午餐和不勞而獲的事情，不只是在工作上，感情亦是如此。

所以，不要輕易地接受別人的感情。
因為妳有可能會還不起。
更不要輕易就相信人家說的：「我對妳是不求回報，這一切都是我心甘情願。」要不是對妳有所圖，他為何要這樣對妳

說？妳會隨便走在路上送禮物給陌生人，然後說：「我愛你，而且我不求回報。」當然不會。

如果兩人想好好在一起，我常跟大家分享的觀念：「**我可以心甘情願但你不能理所當然。**」講白話一點就是「供需要平衡」，這句話套在任何事情上都很好用。

女生我來問問妳，這幾個月在家裡，有沒有做過家事？有沒有煮飯給男友吃過？有沒有在人家工作回來之後說聲辛苦了？有沒有幫男友換過新的內褲？洗過幾次衣服？男友壓力大的原因妳問過嗎？還是，妳整天吃飽喝足在家裡花男友的錢東買西買、天天吵著要出去玩、吃好料、逛街購物？

人家就算心甘情願地要養妳，
但妳也不能理所當然地被養。
希望從別人那兒得到什麼時，勢必也要付出，才能達到平衡，才是將心比心。

男生也是，不是王子就別把女友當成公主養，沒那個本事就要認清現實，不然就是在自找麻煩。

　　既然兩人剛開始在一起都各有私心，不如趁現在打開天窗說亮話，一起承擔、面對現實生活中的酸甜苦辣，一起享受柴米油鹽醬醋茶的調味，這樣過的才是生活，也正是伴侶存在的意義。

口罩夫妻來爆料：
為對方做過最浪漫的事情？

　　口罩嫂：「口罩這傢伙，其實很像女生，心思細膩。以前當職業軍人時，常不在家。我一個人嫁到人生地不熟的台中，朋友、家人、老公都不在身邊，而且還有孕在身！每天都好想哭又好想念家人。那年生日，他竟然聯絡到我所有的好朋友與家人，錄影祝我生日快樂。看到他花心思剪輯、後製的影片，我簡直哭得不成人形……

　　「本以為這樣就結束了，他竟還送了我一部相機，因為很貴、我一直買不下手，只不過提了一次，他就記在心裡。明明沒什麼錢，卻用心找到賣家，特地下南部去面交。

　　「還有，每次吵架他永遠都會先跟我道歉，就算錯的是我；我很不會煮飯，連家裡的狗都不吃，可是口罩永遠會乖乖吃完；每到重要節慶就會送花，再偷訂民宿帶全家出去玩。

　　「我永遠忘不了，他出發去馬來西亞辦簽書會那一晚，突然大哭抱著我說：『好捨不得離開妳，不在妳身邊，沒人照顧妳怎麼辦。』該哭的人不是我嗎？怎麼變成他了？他真的是個很笨、卻很愛我的大傻瓜。」

　　口罩男：「我老婆她其實比較像男生，力氣還超大！你能想像到的那些『女生為男生做的浪漫事』在她身上完全看不到，她還超愛打電動，都玩暴力射擊遊戲……

　　「但是她給我的遠遠超過這些，她的支持是我走到今天的最大動力。還記得當初創立粉絲專頁時，沒有人看好，直說寫作不能當飯吃。但我老婆卻不一樣，只說：『老公，你想做就做，為什麼要管別人的想法？沒飯吃，老婆養你，有我在，別擔心！』我聽到差點暈倒，哪有女生想養男生的？

　　「有一次，我買了一台很大的健身設備，零件重得要命，光組裝就得耗上好幾天，但她搶著幫我搬上三樓，陪我熬夜一起組裝；手不小心夾到破皮流血，竟只笑著說：『好痛～』叫我怎麼不心疼……

　　「她不喜歡看太無聊的電影，但知道我喜歡看推理電影，也硬著頭皮陪我看。有一次直接睡著，躺在我肩膀上打呼，讓我哭笑不得！

　　「或許她不浪漫，但我知道，不管過多久，她的心都在我身上。我想對她說：『以後還要請多多指教了！』」

Love message 浪漫訊息

真心話，甜蜜每一天

在對的時間表達感謝，會增進兩人間的幸福感！

當對方做了令妳感動的事，無論是大大的浪漫或是平日貼心的小舉動，隨時告訴對方，會讓兩人更親密。

培養敏感度，自己發現每個日常小確幸就是幸福的開始！

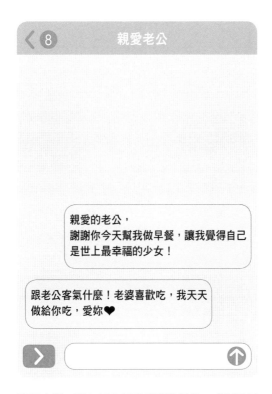

事不宜遲，現在就拿起手機傳送訊息，或利用便
利貼寫下真心，對身邊的人表達感謝吧！

Day 5

他是不是，
越來越不愛妳了？

談戀愛最怕遇到哪種人？就是優柔寡斷的爛好人。要嘛深愛，不然就請絕情，在中間遊走模稜兩可的人，是最要不得的。

曾收到男生讀者來信，寫道：「我跟女友交往兩年多了，她是個好女孩，對我真的很好，不管是經濟或生活方面，都幫助我許多。但我必須承認，我沒有很愛她。曾以為隨著交往時間久了會有所不同，幾年下來，感情變成習慣，已談不上愛的程度。我也想過提分手，卻總覺得這樣提分手好像太傷人，她對我這麼好、沒有變心，也不曾做錯什麼事。可是，我又不想繼續違背自己的感覺，請問該怎麼辦？」

你自以為是有情之人，覺得對方沒犯什麼錯，既沒變心還對你很好，你怎麼能如此狠心地說不要就不要她，這樣未免對她太慘忍。但在我看來，你表面上好像很替對方著想，實際上，你一邊享受著別人對你的好，一邊又說沒有很愛對方，多

52

無恥啊！

所以是人家倒貼你？你很委屈、很無奈、很將就地被迫接受對方這些年來，對你在經濟或生活上的種種付出？拜託，不要得了便宜還賣乖好嗎？

別說你也有付出跟犧牲，在我看來，你們之間的關係一定是處於不平衡狀態，而你所謂的付出，也一定沒有對方來得多，因為誰會對一個沒有多愛的人，掏心掏肺？你那一點微不足道的付出，少拿出來說嘴。

感情世界就是一翻兩瞪眼，簡單來說就是愛與不愛，想遊走於兩者之間的人，最終只會害人又害己。

不愛，幹嘛不離開？
沒這麼愛，幹嘛還要繼續接受別人對你的好？

裝什麼爛好人，自以為怕對方受傷，其實最後害她最深的罪魁禍首，不就是你？

耽誤了人家女生好幾年的青春歲月，害人家付出了這麼多，最後換來了你一句：「我沒有很愛妳。」先生，你要是早

點說清楚，這幾年的時間，也許她早就能找到屬於自己的真命天子和幸福，而不是被一個不愛自己的男人，綁在身邊，還以為自己是對方一生的真愛。

女人青春有限，
能有多少個年被糟蹋？

分手不是罪，先提的人也不是罪人，不要覺得先說分手就是在傷害對方，對不愛或沒這麼愛的人，本來就該無情。這對他們才是正確的態度。

不要一邊接受別人對你的愛，一邊又說我給不起妳要的愛，我最恨這種虛偽的愛情騙子。

要就好好愛。
不愛，就不要耽誤對方的幸福了，好嗎？

美麗魔法 5

深陷愛情迷思：心好累，人也變得不美麗！

到底是幸福使人盲目，還是「目睭糊到蜆仔肉」？

戀愛時，妳是否也常身陷某些愛情迷思走不出來？若要眼盲心不盲，快看看妳的感情中了幾招？如果類似狀況在妳的感情中發生，就勾選起來。若勾得越多，就該好好想一想，自己真的做對了嗎？

□　一、愛我就要信任我？

難道愛一個人，就得毫無上限地與「信任」畫上等號，卻忽視對方跟別人詭異、曖昧的行為嗎？別再被對方說的這句話輕易唬住了，他可能只是在利用妳的愛，來滿足私慾。下次如果妳的另一半又這樣說，請妳這樣對他說：「如果你也愛我，就別讓我有機會懷疑你。」

☐ 二、分手後，還能跟「前任」當朋友？

　　每個人都會有前男／女友，但如果你是已婚或有對象，那前男／女友，就不該是好朋友。我們都不是聖人，不要對自己的定力太有自信了，不管男女，難免禁不起誘惑與寂寞，這是人性。而我們能做的，就是不要讓自己身處那樣的環境中。

☐ 三、到底是誰配不上誰？

　　看外表不如看個性。感情，只有適不適合，沒有所謂配不配得上。找一個「價值觀」、「感情觀」、「人生觀」都跟自己接近的人在一起，才不會愛得太辛苦。如果這三觀無法有共識，硬要勉強湊在一起，甚至還想走入婚姻，務必三思，因為要犧牲的東西，實在太多。

四、偷吃都是對方的錯？

　　愛情很複雜，也許走到偷吃、背叛這一步，雙方都各有錯誤，但不管是什麼還愛的理由，都不是能讓你去外面找另一個她，再回來傷害身邊人的藉口。

五、刪手機訊息是因為怕身邊人誤會、亂想？

　　乍聽之下，這似乎是貼心地在替對方著想。但仔細想想，假如聊天內容沒什麼，有什麼好惹人生氣誤會的？假如聊天內容沒什麼，又有什麼好刪除的？原本就沒有習慣整理訊息的人，突然開始勤勞地整理，並且刪除跟特定人士訊息的這個動作，怎麼想都是多餘和心裡有鬼。

在我跟口罩嫂在一起之前，曾經有一段戀情，就中了三項。對方會刪手機訊息，也會跟前男友聯繫聊天，從沒在意過我的感受。她只會要我信任她，要有她自己交友的空間。當時我也想信任，卻騙不了自己的眼睛，我看到、感受到跟被對待的方式，都不是被愛，只有單方面的，我愛她。

當連自己都欺騙不了的時候，妳就該自問，這段戀情，還要繼續這樣被騙下去嗎？

越來越做自己的他，
越來越討厭自己的妳

「身邊的他，為什麼總是不會改、不會變？」當妳用盡一切努力，對方依舊我行我素的話，妳就必須有個認知……

其實，不是他不會改，而是不會「為妳」改。

隨著年齡的增加，看過的人越來越多之後，漸漸發現，有一種改變是：「曾經的情場浪子，在交了新女友或娶了老婆之後，突然搖身一變，成了大家眼中的新好男人、新好爸爸。」

這時，大多的前女友會心想：「奇怪，當初他跟我在一起時，根本就不是這麼貼心。那時的他，不浪漫之外還非常大男人，怎麼現在對他的老婆，卻這麼溫柔和貼心？而且……不是說這輩子最討厭小孩嗎？現在每天一直放與小孩的親密合照，究竟是哪一招啊？差別待遇也太大，當初要是這樣好好對待我，我們……也不會走上分手這條路了，不是嗎？」

遺憾的是，很多時候，愛情並不如我們想像般上演。

在談戀愛的相處過程中，或許妳也漸漸發現，每次吵架時，犯錯的一方老說著重複台詞：「拜託，再給我一次機會」、「放心，我下次一定會改」、「知道了，一定不會再犯」、「好啦，下次一定會……」

但是啊，這個下次，到底還要給幾次？

同樣的戲碼跟錯誤一再上演，唱戲的不累，看戲的都累了。

一個人要改變談何容易，說得簡單，做起來卻非常困難。許多不好的個性和習慣，就算自願想改，都不一定能堅持到底，更何況還是為了別人而改。

所以假使妳的身邊，有個願意為了彼此幸福，將不好的個性與習慣都改變再加以修正的人，真的要好好珍惜，若錯過了這次，下一段戀情，可能就再也遇不到了。

要記得一個重點：「把妳當成寶，並且深愛著妳的人，他跟妳在一起的時候，常常會很害怕。」

害怕什麼？害怕……失去妳。

所以，即使是旁人認為雞毛蒜皮的小事，例如：抽菸、喝酒、打電動、亂買遊戲點數、跟異性互動多了一點等等，只要是妳在意的點，他都會將這件事情，直接升級為「非常重要」的等級。

因為在他心中妳的份量，已經遠遠超過自己，所以他會願意為了妳改變調整。或許在修正的過程中，他可能會感到難受、痛苦，甚至還有點討厭，但仍會樂此不疲。即使真的不小心再犯，也會像個做錯事的小孩一樣，戰戰兢兢地向妳道歉，請妳原諒，而不是擺出一副事後無關緊要的態度來讓妳失望。

另一種人，妳在他心中其實可有可無，嚴格來說，就是不討厭，但也沒多愛，頂多就是個伴，導致妳做得再多，也只是對牛彈琴，真的別懷疑也別太樂觀，傻得以為妳在對方心中有多重要了！

會改早就改了，會變也早就變了，同樣的一句話，哪需要一再地說這麼多次？同樣的一件事，怎會犯了又犯？

畢竟……誰會把一個可有可無的人，放在心裡？誰又會為了一個其實也沒多愛的人，改變自己？

有的時候，真的別再自己騙自己，任誰都知道，真的愛著一個人的時候，是絕對不會只顧著「做自己」。

美麗魔法 6
即刻行動：妳的笑容，是最美的光芒！

21days 心情記錄表

從今天開始，每天對鏡子微笑 30 秒，告訴自己，我很好！

Monday	Tuesday	Wednesday	Thursday

心情記錄表使用說明：

1. 從今天開始，填上日期。

2. 做到後，請在日期旁的臉符號上，畫上今天的心情。

3. 21 天之後，算算看自己得到幾天好心情。

Friday		Saturday		Sunday		備註
/		/		/		
/		/		/		
/		/		/		

Day 7

一生中總有位這樣的人，
讓自己愛得這麼傻

有的女孩，面對男人拿自己的錢買手機給別的女生；

有的女孩，面對男人跟同事辦公辦到床上；

有的女孩，面對男人與前女友老是糾纏不清……

這些女孩，都知道選擇原諒的自己很沒用，卻不願面對離開他似乎將更痛苦的生活……

女孩啊，不要哭了。不過是變了心、劈了腿、拿女人錢過生活的男人，就配得妳為他哭嗎？他值得妳珍貴的眼淚嗎？

我認為他不配，所以妳也別為他哭了，

如果哭了，就代表妳的眼淚一點都不值錢。

我常說：「被騙一次是無辜，被騙兩次是還有愛，但被騙三次要怪誰呢？」是誰一再自欺欺人給對方機會？是誰一再心軟相信對方會有所不同？

或許妳想反駁：「對方的挽回，道歉一再痛哭，真的太可憐了。那模樣像是失去了我就失去全世界一樣地痛苦，讓人不得不心軟，也讓人不得不原諒啊……」

但是，難道就可以因為同情、心軟，就讓妳失去了愛情的尊嚴嗎？妳的自尊就這麼不值錢嗎？

他跟別的女人在一起的時候，想過妳了嗎？
「沒有」。

他拿妳辛苦打工的錢，買手機給別的女人時，心疼過妳的辛苦嗎？
「沒有」。

他擔心前女友傷害自己，所以選擇繼續維持男女朋友關係的同時，又有想過，現任女友會傷透心嗎？
「沒有」。

這些男人做了以上的事情，導致必須痛哭、甚至搧自己耳光向另一半道歉，在我看來都只是剛剛好而已。到底哪一點值得女生心軟甚至同情？他不過只是在為他的所作所為，稍微彌補那麼萬分之一罷了。

不要心軟，今天的心軟就是對以後的自己殘忍。只對自己殘忍的人，我覺得不值得同情，因為今天以後妳身上的傷、痛與苦，都是自己造成的。

在面對這種人的時候，別傻傻地停留在原地看他演戲，還讓自己慢慢入戲。

而是應該轉身就跑，能跑多遠就跑多遠，能不聯絡就別聯繫。再強調一次，妳的眼淚，不是為這種人而流的，好嗎？

美麗魔法 7

即刻行動：認清美麗的自己，朝目標邁進

魔鏡魔鏡，誰是世上最美的女人？

妳有多久沒有好好照照鏡子、看看美麗的自己了呢？

今天，多給自己 15 分鐘，面對鏡子，把自己裝扮成最美的模樣。

準備好了嗎？

Let's go!

魔鏡使用說明：

1. 美美地自拍一張吧！

2. 看看照片中的自己，觀察看到了什麼？

3. 將自拍照印出貼上魔鏡，告訴自己，妳是最美麗的！

Achieve the Goal

向目標前進

21 天後，想在鏡子裡看到什麼樣的自己？寫下來。
別忘了，一個月後回過頭看看目標達成了多少？

我的目標：

想跟口罩男一起見證美麗嗎？
拿起手機掃瞄，即可立即加入社團。

蹚了愛情這渾水的，誰沒有挨過幾刀？

不要讓他習慣了妳的原諒，

也不要讓妳習慣了原諒對方，

更不要讓自己習慣了離不開他。

Step2 放下

Day 8

無法再相信愛情，
或是無法相信自己？

　　有一則讀者訊息是這樣的。這位讀者談過了兩場戀愛，都是被欺騙、被背叛收場。這樣的她，現在遇到了一個對她很好的男生，但因為前幾次的傷害，讓她不敢再相信男人，常常為了小事產生懷疑。

　　她總覺得，男人一定會偷吃；而他，總耐著性子解釋。每次看他委屈的樣子，這位讀者心裡很難過，但她真的無法再相信世上有不偷腥的貓、有不偷吃的男人。也漸漸開始……討厭起這樣的自己。

**我認為，世界上真的有「不偷吃」的男人，
但卻沒有百分之百「不想偷吃」的男人。**

即便是那些對女友或妻子都好到爆炸、無可挑剔的男人，也很難說。在他們的內心世界裡，從沒對其他異性的渴望與遐想嗎？我不這麼認為。只是，這樣的男人自制力高，控制得了自己的慾望，約束得了自己的行為，這也正是我們人跟動物的區別。

貓畢竟是動物，牠有著動物繁衍後代的本能，人雖然也是動物，但區別在於我們接受了後天教育，有著道德約束，所以能將那些本能壓抑下來，只是這約束跟自制力，因人而異，也有著等級的高低深淺。

約束力高的，成了普遍大家眼中的「專情好男人」；
約束力低的，便成了女人恨之入骨的「花心壞男人」。
最後，那些毫無約束力的……
對於禽獸，我們就不多談了。

妳要知道，愛一個人本來就有風險。就像我說的，專情好男人的內心，也一定曾有過對其他異性的渴望，只是他們的約束力可能達到九十分，剩下不足的十分，就是風險跟考驗，但這種風險，會隨著兩人相處上的磨合、信任、還有愛，而漸漸往好的方向發展，也能逐漸將不足的分數，彌補回來。

愛情的魔力，

就是可以讓曾經的花心壞男人，變成一個專情好男人。

也很有可能讓一個專情好男人，變成那種花心壞男人。

經歷了被欺騙與背叛的愛情之後，「忠誠」想必是挑選另一半的首要條件。但我想說的是，即便真的在妳的世界裡，出現了一位不偷吃的男人，但如果因為妳的先入為主、預設立場與狐疑心態，每天絞盡腦汁地想證明「男人一定會偷吃」而把對方逼走、嚇跑的話……真的得不償失。

妳究竟是想要「一位不偷吃的男人，留在自己身邊」，還是想要「一位偷吃的男人，出現在自己身邊」？

如果妳用了一種連自己都討厭的樣貌面對別人時，要別人怎麼好好地喜歡妳、愛著妳呢？

最後也想對男生說，信任的前提是安全感，沒有安全感談何信任？

如果知道女友曾受過兩次的背叛跟傷害，你該做到的正是包容，更不能讓對方有任何一點機會懷疑擔心你的任何一件事。或許你會覺得，自己怎麼這麼倒楣？女友被前任所傷害的

傷口，現在卻要你來撫平？

　　但不好意思，愛一個人，就沒有這麼多的理由與抱怨。

美麗魔法 *8*
即刻行動：妳該重新看見自己的好！

「～我想說其實你很好，你自己卻不知道！」這是梁靜茹的歌，也是我想對妳說的話。

妳有很多優點，但妳記憶力不好，妳時常忘記。忘記沒關係，可以透過身邊的人來提醒妳。

找找三位身邊的家人、親人或朋友們聊聊，
問問他們，在他們的心中覺得妳最大的優點是什麼？

看見自己美麗的地方，又往更好的自己前進一大步喔！

記下別人眼中的妳

人物	他怎麼看妳？認為妳的優點是什麼？

Day 9

出現的那個她，
真的比妳好？

　　我寫過一段話是這樣：「我認為理想中的老公，大多是無情的。」這是一種對除了自己女人以外的女人，始終無情的態度。他們不會對其他的女人，存有太多的心疼、不忍或不捨，也不認為拒絕別的女人對自己的好，就是不近人情。

**　　無情，是有了另一半的男人，對待異性該有的態度，**
**　　也是對自己的女人，應有的尊重。**

　　做任何事情都不能過了頭，不然就會變了質，例如：
　　善良過了頭，就成了軟弱；
　　節儉過了頭，就成了小氣；
　　暖男過了頭，就成了中央空調。

　　許多讀者來信，都有類似情形──「發現男友跟前女友私底下約見面，問了為什麼要見面，男友只說前女友有事拜託，

『不好意思』拒絕」，或是「男友的乾妹，從以前出門就習慣勾他的手，他也『不好意思』拒絕」。

　　這些狀況，真是女生太小心眼敏感，還是男生太誇張？

　　在我看來，第一，這種男友挺暖的，但暖過了頭。都已經是前女友了，在已經有了現任女友的狀況之下，跟前女友還有什麼好談、好幫忙的？怕的是自己避不見面太無情，還是經不起對方一再地懇求？
　　以上這兩種原因，假使用到了自己的女人身上，倒也合情合理，但用在了「前任」身上，就極為不妥。更誇張的，還有瞞著女友跟對方見面的狀況。誰知道你背後的真實用意，究竟是怕女友擔心，還是別有居心？

　　第二，跟乾妹妹勾著手逛街？感情再好終究不是親妹妹啊，更何況，雖然不是沒有，但大部分的哥哥跟親妹妹出去都不會勾著手逛街了，跟乾妹妹卻要勾著手，這不是很本末倒置嗎？

做任何事情之前，都要考慮心愛的人的感受；
做任何決定之前，也請尊重心愛的人的意見。

如果這樣的「暖男」想跟現任女友好好在一起的話，不管以前會或不會，想要繼續下去，從今天這刻開始，你就得學會，並好好習慣以上兩點。

這是身為一個男友，跟未來可能是老公身分的你，本來就要遵守的本分。

不要在拒絕自己女人的想法或拜託時，都挺果斷狠心的，但要拒絕別的女人懇求跟請託時，一張流利的嘴只會支支吾吾傻傻答應。真不會拒絕，我教你一招，遇到任何事情，都推給自己的女友或老婆，總該會了吧？

例如前女友又問：「可以幫我一件事嗎？」如果你真的不會拒絕，或是無情不起來的話，你可以回答：「妳問我女友啦，她如果同意我就可以，如果她不同意，我也沒辦法。」

我想九成以上的前女友，都會知難而退。
你也不會再有這麼多的困擾了，不是嗎？

　　談戀愛，雙方一定都會付出成本，這成本的多或少，就要靠妳好好觀察彼此相處過程，與對方對妳的態度，來調整跟付出。

　　記住，任何事情都會有些微的徵兆，只是看妳有沒有發現。善於觀察的女人，也才不會讓自己吃大虧了。

美麗魔法 9

拒絕負能量攻擊！認清渣男老哏六招式

那些已婚外遇劈腿渣男標準的 SOP、那些經典老掉牙的台詞，究竟何時才會更新？

快來看看，眼前的男人，中了幾招？

☐ **見面就是要上床**

　　一個已婚男人，演得這麼辛苦、冒著這麼大的風險是為了什麼？就是想追求「刺激與肉體」的新鮮感啊！前幾次見面，演演戲、耐著性子，陪妳聊天吃飯看風景還可以，後面幾次妳會發現，陪妳的時間越來越短，也對妳漸漸沒耐心，見了面就是要上床。一旦妳問何時公開關係，他就變臉、不開心、覺得壓力大，接著穿褲子走人。

☐ **妳想分手，他會不捨、難過，似乎很痛苦**

　　拜託，傻女人留在身邊多好用，又是青春的肉體，隨時能給他帶來偷情快感與生活樂趣。妳要走，他當然會難過！但是啊，妳不走，換成是妳會更難過！

☐ **暗示自己是婚姻關係中的被害者**

　　當妳對他已婚的身分有所疑慮時，他就會開始訴說「我是這場婚姻關係中的被害者」、或是「我曾經也多愛老婆、對老婆多好，婚後一直努力工作讓她不愁吃穿，為了家庭、小孩付出這麼多，老婆卻不珍惜，還在外面跟人曖昧、不愛小孩，要不是為了給小孩一個完整的家，早就戳破而離婚了」等等。

☐ 裝成完美男人

他們鎖定目標之後，往往都會先採取溫柔攻勢，表現的成熟、體貼又大方，讓人不自覺陷入溫柔鄉。不管女方有什麼想法要求，幾乎都能為對方實現，根本就是童話故事裡的神燈精靈。

☐ 被抓包，都是外面女人的錯

一半以上外遇男被老婆抓包之後，一定都是對正宮痛哭道歉：「我犯了全天下男人都會犯的錯。我是不小心、是對方主動。」然後，一半以上的正宮，又會為了小孩、家庭顧全大局，並真的以為外遇是全天下男人都會犯的錯而原諒對方。然後過幾天，妳就等著被告跟開副本吧。

☐ 撇清關係、劃清界線

　　以上步驟走完後,他們就會開始說,其實跟老婆早就「形同陌路」了,他們不會聊天、不會說話、早就沒有感情、離婚只是遲早的事情⋯⋯甚至,以講祕密的口吻說:「我跟她已經很久沒有發生關係了。」(外遇男都很強調這句話)

　　記住,一個女人的談吐、態度跟行為,取決一個男人覺得妳是高貴,還是只能玩玩。

　　看看鏡子面前的妳,真當了小三,妳覺得自己能多高貴?

　　一個男人再好,不能完全忠於自己,就不值得託付終身。

自己都不珍惜自己，
又怎能奢望對方珍惜妳？

　　有讀者問我：「該如何挽回男友的心？」我都建議，有些事情妳盡力了、努力過也就夠了。如果對方還是無法接受自己的愛，那就請妳先停止，不要執著馬上就要挽回對方，而是先試著調整好自己的狀態，思考該如何讓自己變得更好，無論是外在或內在。

　　不管男生或女生，只要一被分手往往就傷心欲絕，每天以淚洗面，臉書動態發著一篇又一篇的悲情文，反覆地質問著自己：「究竟是哪裡做錯了？自己到底是哪裡不好？」然後想不透就鬼打牆似地瘋狂聯繫對方要求復合或談判。

　　但請問狀況這麼糟糕的妳，如何讓對方再一次心動？

　　就算對方因為看妳可憐而同情的暫時回到妳身邊，但其實你們最根本的問題還是存在。不妨趁兩人分開的時間好好冷靜

思考雙方這幾年以來的相處，是否真的適合走長遠的道路，還是其實在相處上，都只有單方面的犧牲？

　　妳要知道，男人有時就是這樣：「越容易得到的東西往往越不懂得珍惜。」

　　妳天天傳訊息求復合，三天兩頭就去他家按電鈴求見面，妳不覺得妳的愛表現得太明顯、太容易了一點嗎？他既然要分手，就表示已經不要妳的愛，妳還一廂情願地把愛放在他面前，逼著對方收下，妳覺得他會感動還是討厭？

　　當一個人對妳還有愛的時候，連妳放的屁聞起來都香。
　　當不愛的時候，看到妳就像坨屎，一聞就想吐，一看到就想閃。

　　況且，憑什麼說分手的是他，復合卻由妳來求？

　　妳已經努力嘗試修復彼此的感情，既然對方不領情，那妳就該替自己設下底線，妳又不是沒人要，全世界也不是只有這個男人，好嗎？

換個髮型、染個頭髮、結交不同領域的朋友、去旅行、天天拍張微笑的照片、培養興趣、運動健身調整體態、看書、學才藝……當妳變得更好的時候，不就輪到他來求復合？

　　改變之後雖然他不一定會回來，但不改變，還是跟以前一樣，他更不可能會回來。

　　就算他沒回來，變得更好的妳，難道還怕吸引不到更好的人嗎？

　　最後，挽回一段感情也要看狀況，妳要先搞清楚，你們是因為什麼而分開？

　　如果是因為對方偷吃劈腿甚至冷酷的一句：「我已經不愛妳了。」而導致分手，那對方擺明就是要傷害妳，妳還自願跑去任他傷害，到時遍體鱗傷、滿身傷痕的妳也怨不得別人。

　　就像我上一本書所寫的：「當愛一個人愛到沒有底線跟尊嚴，已不叫愛，叫自虐……」

　　我曾經聽過，一個女人為了挽回已變了心的男友，竟然自願當他的炮友，認為雖然暫時留不住對方的心，姑且先留住他的人，但是啊，妳都這麼不珍惜自己，又怎麼能奢望對方會珍惜妳？

　　我也看過，明明男方都明白地說不愛、沒感覺了，可女方卻無法接受事實，不但常去對方家裡和工作地方大鬧，還割腕以死相逼，痛苦的還不是自己？

　　愛情是很現實的，這種超越底線的挽回方式，最後往往都是悲劇收場！

　　我知道妳愛他，但他假使不愛妳，一切都是白搭，妳就算做到死也沒人會感激。

　　人生不是得到就是學到，不斷地提起也不斷地放下，都會成為我們成長的動力。

　　蹚了愛情這渾水的，誰沒有挨幾刀過？

　　告訴自己，今天你不珍惜我，明天我就要讓你後悔！

即刻行動：
將注意力放回自己，找回尊嚴和美麗！

妳太常為別人設想，卻沒有留時間，對自己好一點。

為自己列上幾件，這週結束之前一定要做到對自己好的「改變清單」！

（例如：開始追一部最近好評不斷的劇、上髮廊換一個清爽的髮型、買幾件漂亮的新衣服、睡前留時間給自己讀一本書……）

妳的改變清單

☐ _____

☐ _____

☐ _____

☐ _____

☐ _____

他曾答應的，
從來沒做到

　　怎麼替自己挑一個理想的對象呢？這問題我大概三天兩頭就會被問一次。究竟是要找家境好、身材高挑、脾氣好，還是幽默風趣的人當伴侶呢？

　　每當我被問到這種問題時，都會拿我自己當例子。我的感情路其實一路走得跌跌撞撞，要是每次談戀愛都像現在這麼幸福，我可能也遇不到現在的老婆了。

　　以前找女友，我喜歡找漂亮、身材好、在一起好玩的，這些都是先決條件。年輕的時候談戀愛只跟著感覺走，仗著年輕，摔倒了自己拍一拍也就爬起來了。那時候根本不怕，有本錢哪怕輸？但到了一定的年齡，我相信大家都會害怕在感情中受到傷害，也不想談一場沒有結果的戀情。

　　究竟要怎麼找到心中的真命天子／天女呢？我會建議，一

定要找個「會對妳遵守承諾」的伴侶，不管是大事或小事都不會失信於妳，因為我自己也是這樣走過來的。

　　我交過的女友當中，很少會對我遵守承諾，反而是經常反反覆覆、變來變去。當我詢問對方，想討個解釋時，對方往往惱羞成怒，甚至覺得是我要逼她。但問題是……當初不是對方親口承諾要做的，也沒人逼迫啊？當初說了又不做，承諾了又不努力，反而回過頭來怒罵責怪那個愛她、相信她的人，這樣到底是誰有問題？

　　選一個不重信用、不守承諾的人當伴侶，老實說累的是自己。當初的我幾乎是天天活在被騙的日子裡。一心想相信對方，可對方的行為又一直無法讓人信賴。一再被心愛的人所騙，到最後已經不只是生氣了，而是更多的無奈。

　　何況，很多事情根本不是做不到，只是不想做罷了。
　　直到，我遇到了現在的老婆。

　　剛交往的時候，我極度沒有安全感，因為她身邊的朋友甚至是追求者，個個都是高、富、帥，跟那群人比起來，我根本毫不起眼。但是，安全感是從信任開始建立起來的。當一個人不管大事小事都對妳信守承諾時，妳根本就不會懷疑或是害怕。

因為妳知道，他說到，就會做到，包括愛著妳這件事。

她說要戒菸，就把抽了好幾年的菸，一次戒掉。

她說要斷絕追求她的那些男人，二話不說地封鎖不再聯繫。

她說要陪我一起運動，明明最討厭流汗運動的她，竟然每天跟著我一起重訓。

當生活中伴侶所承諾的所有事情都一一兌現時，妳便會發現，原來「被愛」與「愛著一個人」可以如此簡單。

妳要知道，如果連生活中的小事都做不到，其他人生中的大事就別痴心妄想，自己騙自己了，好嗎？

正視對方的問題，並設定好感情停損點，妳才不會愛到快發瘋。

美麗魔法 11

口罩嫂來爆料：老公壞習慣大公開！

找到關係平衡點，不完美也沒關係

　　這個話題我喜歡，終於可以拆穿他最暖人夫的假面具了！自從他去年迷上重訓之後，天天都看健身猛男、臉書、Instagram、網路搜尋……全都是猛男照。就算我穿了性感內衣出現在他面前，問他好看嗎？他竟然寧願看著猛男照也不看我！

　　而且他的那張嘴巴根本就是機關槍，有夠囉嗦。一件小事可以東扯西扯一大堆，我永遠講不過他。他的個性又急，事情一定要馬上處理好，不然就會不開心。

　　其實就是我也跟著調適啦！畢竟，夫妻本來就是相欠債。就像他說的，多看對方優點、包容缺點，他囉嗦也不是一兩天的事了，我只要閉嘴，他就講不久。我早就學乖，讓他慢慢講、講個夠、說到爽。

　　至於個性急，其實是因為他很守信，不想對他人失約，所以只要是別人的事情，他都希望能馬上完成。但對我，他倒是從沒催促過我，所以我也就 OK 了。

Day 12

他就是爛，
妳卻習慣了離不開

　　大多離不開的女人，是因為不甘心。

　　不甘心就這樣放棄多年的感情，不甘心讓別的女人取代原本屬於自己的生活？不甘心憑什麼讓別的女人，占有自己的男人？於是，不甘心無限放大……

　　因為不甘心，又太想抓住對方，讓妳在這段感情裡面變得好卑微。不甘心是會害死人的，何必要委屈自己、讓自己這般廉價？以後的五年、十年、二十年之間，難道人生都要一直活在原諒對方上嗎？回頭想想，這些年妳的付出跟退讓，有哪一次被在乎、珍惜過？

　　不要讓他習慣了妳的原諒，
　　也不要讓妳習慣了原諒對方，
　　更不要讓自己習慣了離不開他。

當妳的離不開、不願離開，在某天全都變成「他逼妳離開」時，妳所做的犧牲跟努力，都成了一場鬧劇與笑話。

這段感情妳已經盡力了，可不可以替滿身傷痕的自己，保留最後一點尊嚴？

別天真地以為只要堅持下去，總有一天對方會突然抱著妳說：「我錯了、我想通了。」通常等到那一天的時候，不是對方窮途末路、重病在床，就是在外負債累累欠了一屁股狗債。

日子好過時，這個男人不帶著自己過上個幾回，等到走投無路、求助無門時，還想拉著自己當墊背，這種人，妳要來何用？

女人被愛，她絕對加倍奉還；
如果被棄，你再也與她無關。

敢愛也必恨，這就是……女人。

美麗魔法 *12*

即刻反思：
他真的那麼糟糕，還是妳在雞蛋裡挑骨頭？

　　妳還記得當初愛上他的原因嗎？彼此的差異，往往都是當初互相吸引的原因。什麼時候開始，當初妳眼中他的優點，現在都成為了兩人之間的刺。

　　釐清自己要的是什麼，當初喜歡對方哪一點？現在又受不了對方什麼？

　　或許，他曾經的不拘小節，變成現在妳眼中的散漫；他當時的幽默感，變成妳挑剔的不正經；他最初的木訥，變成妳無法忍受的不貼心。

　　寫下妳現在眼中他的缺點，並試著回想看看，當初妳愛他的原因。

　　比較之下，或許妳會發現，變的不是他，而是妳的心。

他的缺點

你愛他的原因

Day13

不是不想愛了，
只是心累了

　　昨天接到一通好友電話，說人在我家附近的便利商店，問我能不能出來聊一下？

　　「你等一下，我馬上到。」我說完便換了件衣服出門。

　　一到便利商店，就看好友一個人坐在外面的小圓桌上，皺著眉頭抽著菸，一看就知道心事重重。

　　「怎麼啦，發生了什麼天大地大的事，這麼急著找我？」我把剛買好的冰咖啡，放在小圓桌上，並坐了下來。

　　「兄弟，我……我想離婚。」好友看著我說。

　　「嗯？你確定？」我稍微愣了一下。

　　「確定，但不知道會不會後悔。」好友點點頭，又改口。

　　「所以你找我出來，是希望我一把推你下海，還是救你上岸？」我似笑非笑地看著好友。

　　「我也不知道。」好友嘆了一口氣，看起來真的很無奈。

「外面有其他女人了，對吧？」我拿起了我的咖啡，邊喝邊觀察他的表情。

「嗯，是一個很可愛又貼心的女孩，跟她在一起的時候，感覺自己年輕了好幾十歲。她除了口才好，社交功力也十足，常陪著我交際應酬，酒量明明差得很，卻很有酒膽，常常在我快不行時，挺身幫我擋下好幾杯酒。反觀我家那個，話不多，也不愛聽我講公司的事情，甚至連酒都不會喝，實在無趣啊。」好友講到外面女生的時候，表情從開心到心疼，十分豐富，講到自己老婆時，卻一連搖了好幾十下頭。

「既然對方這麼好，那你就離婚手續辦一辦，該負擔的責任跟義務寫一寫，一刀兩斷，好好去追求你的真命天女啊！找我喝咖啡幹嘛？」我苦笑著說。

「哪有你說得這麼好斷，其實我自己也很矛盾，一邊覺得對不起太太，一邊又很享受跟這女生在一起的時刻。」好友拿起了桌上的菸盒，又點了一根菸。

「那你到底愛誰啊？」我問。
「不知道。」好友說。

我說你啊，你要搞懂「真愛跟暈船，一個是上岸，一個可是跳海」啊！男人真的比女人更容易分不清楚，「愛」與「不愛」這兩件事。

女人是感性的動物，她們愛恨分明，一旦誰真心對她好，就可以愛到什麼都不要；若對方沒心，她看都不看你一眼。

但男人，大多是視覺的動物，說白一點，只要女人的外表、身材、穿著，剛好是自己所喜歡或欣賞的，加上對方又主動一點的話，大多男人就很容易迷失了方向，甚至認為自己遇到了真愛。

但我想問的是，你跟對方的愛，真有偉大到足以讓你拋家棄子？
我又想問的是，你跟對方的情，真有深厚到背上負心漢這罪？

沒有。所以其實很多男人都在「自找麻煩」，控制不了內心豐富的情緒，也壓抑不了自己對性的渴望，甚至為了「不值得的愛情」腳踏兩條船。

兩邊都想要的結果，最後被迫只能犧牲掉其中一個，或

是，兩邊都成空。

可不可以不要再做那些，拿石頭砸自己腳的蠢事？

可不可以明白，當一個女人肯為自己生兒育女，並且捲起袖子，一肩擔起家裡大小事物時，你要她怎麼光鮮亮麗？你要她怎麼陪你交際應酬？你要她怎麼替你擋酒？

如果她一開始不選擇替你生兒育女；
如果她一開始不收起漂亮的衣服，在家洗衣煮飯；
如果她一開始不選擇走入婚姻當起「你的太太」；
或許她現在，依舊是你口中那位，
讓人心動又貼心的……小女孩。

即刻行動：壞習慣大掃除

　　妳有什麼壞習慣呢？

　　寫下三個妳長期忽視的壞習慣，誠實地面對自己，並想想解決辦法。

　　明天開始，一步一步改變，妳，可以讓自己更好！

　　　壞習慣 1 _____

　　　我可以這樣做 _____

　　　壞習慣 2 _____

　　　我可以這樣做 _____

　　　壞習慣 3 _____

　　　我可以這樣做 _____

Day14

他的無所謂，
妳看懂了嗎？

回想剛交往或熱戀時，也許只是上個廁所，或只是去家門外的商店買包菸，都要傳個簡訊跟對方通知，巴不得對方時時刻刻都知道自己在幹什麼，深怕自己不說，就惹得對方不開心或擔心……

那為什麼交往後，卻老拿著「兩人在一起，需要的是信任跟空間」來脅迫對方停止關心跟愛自己？這不是挺好笑的一件事嗎？

不管男女，既然選擇結束單身生活，就不再是一個人，別總拿單身時的那一套當擋箭牌，「以前沒這習慣」、什麼「我以前怎樣」，卻忽略了另一半的感受。

現在通訊軟體這麼發達，電話、簡訊、甚或語音留言，只要花短短幾秒鐘的動作，也許就能讓你的另一半安心一整天，

那為什麼不願做呢？

「關心不難，難的是，根本不想主動關心對方。」

你可以忘記一次、忘記兩次，但假使每一次都忘記，就表示你的心裡，根本就沒有另一半的存在，更不重視另一半的感受，在你的世界裡，朋友、兄弟、姐妹、工作、玩樂，也許都比你的另一半還重要。

你不知道，當真的很愛一個人的時候，常常會擔心著對方，在該回家的時間，怎麼不回家？在該接電話的時候，怎麼不接電話？

當下找不到人的心情，是讓人有多緊張跟害怕，腦子裡總是胡思亂想著，是否對方騎車出了什麼意外？是否發生了什麼不好的事情？電視新聞裡的意外事件，一一浮現在腦海中，一顆心懸在半空中，說有多難受就有多難受。

而事後，也許因為太擔心跟害怕，在口氣上多帶了點情緒，但你不體諒就算了，還一副理所當然地回嗆說：「我只是去找個朋友聊天而已，有必要這麼誇張嗎？就臨時約的啊，有必要什麼都講嗎？」

　　沒必要？

　　是啊，你的無所謂，有一天也會讓你的另一半漸漸地覺得⋯⋯或許太愛你，

　　「真的是一件沒必要的事情了」。

即刻行動：
世界很大，現在就安排妳的美麗行程！

妳有多久沒有放自己一個假了？

放假，並不一定要花很多時間、出遙遠的門。只要抽空一兩個小時，打給閨密、姐妹或親朋好友們，不僅聯絡感情，甚至還可以相約一場專屬姐妹的下午茶。

這些都是給自己最好的放鬆！

現在，就拿起妳的手機，為自己安排一場約會吧！

美好回憶，貼上最美的那張照片

別忘了為美麗時光留下記錄！
隨手拍一張照片。
貼在這邊，時刻紀念。

人生，是妳自己的不用演給外人看。

有個男人疼愛的確是幸福，

但幸福不是只有男人才可以給。

沒人給，我們就自己給。

Step 3

重拾

Day 15

蹚了愛情這渾水，
誰沒挨上幾刀？

認清現實吧，那些妳認為放不下的愛，大多都是「不捨」，不捨你們曾經擁有的過去、感動與好感。沒辦法，人總是習慣記住最初交往時的那些美好回憶，而選擇淡忘迫使雙方會分手的慘痛原因。

我知道，妳在夜深人靜的時候常常心痛到睡不著；
我也知道，前幾天還這麼相愛，但今天卻像陌生人一樣；
我更知道，妳根本無法在他與其他朋友面前，繼續若無其事地笑著。

任何一段分開的感情，自兩人一開始相遇到熱戀時期的種種回憶，我想永遠都是每人心中的軟肋。

即使明知道對方的個性、觀念和想法，完全跟自己不同、你們相處也從一開始的甜蜜轉變成現在的痛苦和煎熬。但那一

分揮之不去的甜美回憶，就像漩渦一樣，老是把想逃離的自己，再一次拖了下去，反反覆覆地無限循環。

　　好不容易，就在費盡力氣地游到了岸邊，換來自己可以稍微喘息的這一刻，難道妳還想再次跳下去嗎？那些眼淚比笑容還多的生活，就是妳想要的嗎？

　　但蹚了愛情這渾水的，誰沒有挨上那麼幾刀過？
　　可以全身而退的傢伙，一個個都是愛情騙子好嗎？

　　現在的痛苦、經驗跟回憶，都將成為妳蛻變的養分。人要往前看而不是活在過去，已逝去的感情就讓它長埋在心裡吧。

　　哭過、愛過、回憶過，那就夠了，實在沒必要再用寶貴的明天眷戀這件事。

　　況且，一直讓他和周遭的朋友，看到一蹶不振、失魂落魄的自己，難道就是妳所樂見的嗎？為了要愛一個已經不適合繼續愛的人，而讓父母失望、朋友難過，甚至丟了學業，難道這是通往幸福的道路嗎？

人生，不是得到就是學到，不斷提起也不斷放下，痛苦都會成為我們成長的動力。會在感情世界裡無所謂地傷害他人的人，都是很自私的，這樣的人，看不見別人的付出、犧牲與退讓，只會得寸進尺。

　　選男友、選老公的標準不要太低，更別因為對方施捨給自己那一點微薄的愛，妳就感到幸福或開心。

　　愛情並不一定要受盡風霜跟折磨，才會有苦盡甘來的幸福。那種太辛苦的愛情，往往守到最後，只會更苦，不會更幸福。

　　既然會分手，就是雙方給不了彼此想要的幸福，
　　那最好的祝福，我想就是「不打擾」。
　　而妳此時此刻最好的做法，就是活得比對方精彩一百萬倍。

美麗魔法 15
即刻行動：只要**30分鐘**，身心靈斷捨離！

　　生活中有太多雜事和雜物，占據著我們的大腦與心理空間。
　　別以為只有煩心事會影響心理，生活中的雜物其實也正默
默干擾著你的大腦喔。

衣櫃的斷捨離練習

1. 給自己半小時空檔

2. 打開衣櫃

3. 看看是否有好多再也不會穿的衣服？

4. 將穿不上的衣服們整理出清

5. 重拾整齊的衣櫃空間！

　　清理生活周遭的空間與環境，也可以讓心靈更加舒暢！

Day16

把時間拿回來，
好好對待自己

　　女人來到這世上的最終任務，並不是為了「結婚」或「生子」。

　　結不結婚，不該是由別人決定或要求，而是你自己對人生做的選擇。適婚年齡只是參考，並不是法律規定，何況，三十怎麼了？四十就犯法嗎？法律有規定人民幾歲之前一定要結婚，幾歲之後就不能結婚嗎？

　　我自己有女兒，如果她以後因為看著身旁的朋友都走入婚姻而開始擔心緊張，或總是被長輩與同事閒言閒語、老感覺自己和其他人格格不入而急於走入婚姻的話，我一定會摸摸她的頭，告訴我的小寶貝：「別急，不要拿自己的幸福開玩笑。結婚，不是結給父母安心、朋友開心或長輩放心的。結婚，如果反而讓自己不快樂，那幹嘛結婚？」

一輩子太長了，不要「將就」。

假使妳將就了愛情、將就了婚姻，也將就了妳的對象，急著把幸福交給一個既不負責任又不懂心疼自己，還很有可能是一個媽寶的老公的話，妳試著想想接下來的日子……

當妳在婆家受到委屈跟欺負時，妳的老公只會面無表情地要妳忍；

當妳懷胎十月最需要另一半陪伴時，妳的老公只會叫妳自己去產檢；

當妳在產房一人拚命將孩子生下時，妳的老公和家人關心的只有小孩，沒人擔心媽媽的狀況；

當妳每晚起來好幾次照顧小孩時，妳老公只會在旁邊呼呼大睡；

當妳背著小孩一邊煮飯、做家事時，妳老公只會躺在床上玩手機等吃飯；

當妳生病發燒在醫院打點滴時，妳老公只會要妳打完快點回家顧小孩；

當妳老公都外遇劈腿了，但妳的人生目標和父母期許，就是要結婚生子、更要為了小孩忍氣吞聲時……

這樣的妳被迫接受這一段沒有愛情的婚姻，忍耐一場為了小孩而必須演下去的戲碼。

以上⋯⋯是妳要的人生嗎？

與其將就，嫁給一個根本不愛自己或自己也沒這麼愛的男人，倒不如一個人逍遙自在的好。

被男人疼愛的確是幸福，
但幸福不是只有男人才可以給。
沒人給，我們就自己給。
天大地大，
誰說世界一定要繞著婚姻、愛情跟男人轉呢？

如果，婚姻中只能當上一天公主，緊接著的日子都必須學好學滿如何當好女傭，獨自去面對著各式各樣的婆媳問題、教養爭執或生活習慣的不同，那結沒結婚有差嗎？要過著那種沒老公、沒隊友的生活，跟守寡有什麼不同？還不如不過的好。

美麗魔法 16
一輩子的幸福就這樣決定？
別因為這些理由結婚！

常聽人說：「結婚是一種衝動。」

如果妳真的因為衝動而結婚，「婚後幸福」是妳的幸運，但不是每個人都可以這麼幸運的。請神容易送神難，結婚是容易，但離婚真的好煩又好難。

千萬不要因為以下幾點理由，而倉促結婚。

☐ **一、年紀到了**

三十又如何？四十怎麼了？五十難道犯法嗎？為什麼要因為父母、朋友或長輩的一句話而貿然進入婚姻？日子是妳在過的，好壞都要由自己承擔，不要活在別人的嘴裡卻累倒在現實的生活裡。

□ 二、交往久了

世上有一種東西不是努力就能有所回報，更不是妳投入時間越久就一定會有所收穫，它叫「愛情」。很多時候雖然「無奈」，但妳必須學會「認賠殺出」。如果只是因為久了、該有個結果而結婚，卻沒有考慮對方的家庭背景、經濟、觀念，或彼此是否有愛為前提，那妳遲早會因為「總該有個結果這句話」而離婚。

□ 三、為了結婚而結婚

當身邊的每個人都陸陸續續做著同一件事的時候，我知道，妳會開始急了也慌了。談戀愛時，沒有法律的約束、小孩的綑綁、兩個家庭的制衡，今天分手明天又復合，你情我願，大家講好就好，但結婚不是妳想走，就能輕易全身而退的。一個人孤單，好過兩個人的寂寞。

四、怕挑到後面沒人要

為何要把自己的價值，建立在他人的口中？有沒有人要是自己說了算好嗎，關別人什麼事？何況，結婚對象是要陪自己走一輩子的，為什麼不能挑？妳買衣服、鞋子、化妝品，難道都不挑也不做功課嗎？要天天睡在自己旁邊的人，不挑才奇怪。

五、想有個依靠

這年頭什麼最不可靠？就是人啊。說要愛自己一輩子的，到最後都變心了；說要照顧自己一生的，到後來連買生活用品都要唸；說不會再讓自己傷心的，往往都是傷自己最重的。「感情可以依賴，但生活得靠自己。」寧願當個孤獨的女王，也不做個卑微的女僕。

□ 六、因為小孩

　　做任何決定之前都要有所評估，要有「最壞」的打算與配套措施，遇到了問題才不會驚慌失措。有「結婚的決心」，就要有「離婚的勇氣」。要生之前更要問問自己，是否有獨自扶養的能力。

　　未婚生子不可恥，但千萬不要用小孩綁住一個不愛自己的人，也別因為小孩而去愛一個妳不愛的人。能讓小孩在父母都有愛的陪伴之下成長是理想，但如果無法，所謂「對小孩的好」，並不只有「勉強在一起的兩個人」這條路可以走。

Day17

愛情不是人生唯一，
分配重心很重要

　　讀者來信寫道：「跟男友交往五個多月了，我用真心對待他，但到昨天他跟我說要分手，原因竟然是『他真的忘不了前女友』，原來他一直都默默關注著前女友的動態消息。我不明白為什麼還放不下一個女人，卻可以理所當然跟我在一起？雖然很恨，但現在換我放不下，我真的不想分手、不想分開，每天都不想上課也不想出門，什麼事情都不想做……」

　　因為不甘心而不願離開，就會因為不願離開，而繼續不甘心。

　　說社會現實，愛情更是現實得要命，就是有那種不想談愛卻又愛亂入人家生活的人，他把「妳」當作「她」，只顧著自己療傷，卻不願承諾。等他的傷好得差不多，就拍拍屁股想走人，真是無恥。

我知道妳愛他，但他假使不愛妳，一切都是白搭，妳就算做到死也沒人會感激。能在五個多月的時候解脫，其實對妳來說也是一種幸運。有多少人，可能小孩都生了好幾年，老公才牽著外面的小三回來說：「我們離婚吧，其實我不愛妳。」

時間是最好的療傷解藥，但不要把療傷期拖得太長，這樣妳會失去很多東西。五個多月的感情，卻要花五年的時間來療傷、折磨自己，那叫蠢。一場戀愛，有痛過、哭過、笑過、愛過、擁有過，妳不覺得就夠了嗎？

失去一個很愛他的妳，跟離開一個不愛妳的他，
誰比較吃虧，不是很明顯嗎？

該哭、該難過、該什麼事情都無法做的人，是他不是妳，好嗎？妳現在是最該幸福發光的時候啊！

這個社會是很現實的，同情妳的人少，但看笑話的多。
暫時丟失了愛情，那又如何？
我們還有家人、朋友、學業、工作，甚至夢想等著我們去實現。當妳將重心再次分配，甚至，在某個領域漸漸發光發熱的時候，放不下、忘不掉的困擾，都不再會是妳所擔心的事情了。

別讓妳的腦中只裝著「愛情」兩字，不論男女都一樣。這樣的人，另一半是愛不長久的，因為實在太過「單調與空洞」。而當妳的人生只剩下一種顏色時，它也將不再精彩。

何況，沒經歷過失戀，以後怎麼有故事安慰妳身邊的好友？以後怎麼向對愛情有各種徬徨疑問的小孩解釋：「你們這些小情小愛都不算什麼，我們來好好聊聊，老娘當年可是經歷過風風雨雨呢！」

對方既然把妳當備胎，當作他失戀療傷的對象，妳不也可以把他當成一台爆胎的爛車？再好看的車、再豪華的內裝，不能跑、不能動，要來何用？車既然都爆胎不能動了，何必還要堅持上車子自討苦吃呢？一台不能動的車，只能在原地停留，風景是不會改變的，不要讓對方將妳的幸福框限住了。

寧願自己下車慢慢走，沿途欣賞周圍的美景，等待下一台車的經過，也好過待在一台不知道何年何月才會修好的車上，一動都不能動，浪費彼此的時間好。

即刻行動：
送自己最好的禮物，三年內的人生規劃

妳有沒有想過，三年後的自己，會是怎麼樣子？

現在就開始思考，在三年之內，妳想學習什麼技能？培養什麼嗜好？或許是學習烹飪、花藝、唸第二語言，又或是去趟一個人的旅行……

請將妳三年後想完成的規劃寫在下面，現在，妳可以開始規劃如何完成它！

> 三年內，我想辦到的事：

Day18

在感情裡，
妳沒必要當一個爛好人

　　很多人常因不甘心，而不願離開一段錯誤的感情，畢竟投入了這麼多的感情跟時間，甚至流過了多少淚，誰不想要有個結果？

　　但正因為妳一直想要有個「結果」，也很容易被人利用了這一點。對方一次又一次的犯錯，一次又一次的謊言，一次又一次的傷害，妳不是都明白著看在眼裡？

　　為何只要他不斷地道歉並承諾下次不會再犯，妳便又心軟地給對方再一次的機會？

　　是，妳是愛他；
　　是，妳是心軟；
　　是，妳是重感情；
　　但換來的是什麼？

「廉價。」

妳為愛失了原則。
妳讓人看不到妳的底線。
妳為了跟他有一個結果，甚至不在意他所對妳造成的任何傷害，這樣的妳難道不廉價嗎？

我語氣是重了些，但偏偏所有身旁的人都知道，你們的相遇是錯誤，妳的原諒更是大錯特錯的同時，為什麼偏偏妳就是看不穿？

無論男生或女生，我想提醒的是：

一、人生是你自己的，不用演給外人看。如果為了怕丟臉、失面子、被人笑，而不敢離開一段錯誤的感情，因此犧牲掉真正的幸福跟遇到對的人的機會，這代價，實在太大了點。

二、在感情裡面受到任何傷害時，妳可以跟好友訴苦、跟父母哭訴，但切記不要昭告天下，讓所有人都知道現在的你很脆弱。因為現階段軟弱無助的你，很容易被有心人所利用，甚至欺騙感情。

三、重感情、心軟、專情，很好，但……看用在誰身上吧？一再地將臉湊過去被人打，那所有的恥辱、痛苦跟眼淚，都是你自找的，社會就是這麼現實，同情你的少，看笑話的多。

四、大多數人的離不開，都是過於安逸，習慣了安逸的生活，不敢面對外界現實生活的壓力，但只有靠自己的時候，才是最踏實的，至少想買什麼的時候，不用再看人臉色。

五、不要預設談一段感情，就非得要有個結果，當你擺明告訴對方「不管你怎麼樣，我就是離不開你」的同時在這一段感情裡，妳就成了一個，一點殺傷力跟防禦力都沒有的爛好人。

美麗魔法 *18*

即刻反思：
這些底線碰不得！有界線的妳，善良得更美麗

　　妳的人生，總是為了別人在奔波，忙了一整天下來，只覺得心好累。

　　現在就練習，寫下三個不容許別人踐踏的底線。

我的底線清單

1.

2.

3.

　　下次當別人再次踐踏了妳的底線，

　　記得，大聲說：「不！」

Day19

心夠獨立強大，
界線就能劃分清楚

　　曾收到一封來信，感觸很多，即使在外面用著手機打字有難度，也實在忍不住想多說幾句。故事的一開始跟很多人（包含我自己）都很像，所以當我看到這封來信的時候，除了覺得遺憾，還覺得可惜。

　　男方在剛結婚最苦的時候，總是需要女方低著頭到處借生活費、奶粉錢。當男方看到女方這麼犧牲為自己付出，他也確實振作了起來，也有了今天的事業與成就。

　　我相信當時的他，一定常在夜深時，看著身旁熟睡的女子想著：「這女人跟了一個不怎麼樣的自己，還犧牲了這麼多，如果不認真打拼說得過去嗎？若真有成功的一天，我一定要讓她過得比任何人都還要幸福跟快樂。」我相信當初的他，一定是這樣想的。

那時候生活窮歸窮、累歸累，但男方一顆深愛著自己女人的心，和漸漸變好的樣子，時常撫慰著女人。

　　從一無所有、夫妻倆一起打拚、省吃儉用、拚死拚活了好幾年，如今好不容易生活、事業甚至名氣上都大有起色……明明兩人就要開始過上好日子了，但，讓人百思不解的是，那位曾經再窮也要守護好女人的男人，卻變了。

　　我不明白，世上有哪個女人的愛能超越自己，在一無所有，甚至還要跟人到處借錢的時候，還願意陪伴在另一半身邊？
　　究竟是要有多傻的男人，才會分不清該對哪個女人好？
　　究竟是要有多大的恨意，才能每次吵架時，老把離婚掛嘴邊？

　　是真的為了個性不合而提？
　　還是為了外面的女人而說？

　　我曾說過：「一個男人的成功，是心愛的女人在身邊共享。如果男人的成功，代價是逼女人離開自己，那這算哪門子的成功？」

男人有了一定的名氣、財富與社會地位時，對那些主動靠近自己、身材面貌都姣好的女子，心中難免會產生驕傲跟悸動，腦中甚至還會有幻想跟慾望，這都是很正常的事。換作是我，面臨同樣的狀況也是一樣，這是雄性動物的本能。

但我們人跟動物的最大差別是什麼？在於「心」。

我們的心如果夠強大獨立，就能很清楚地知道，什麼是可以，什麼是不可以，我們不會讓本能控制住我們的心。

婚後的男人，我們有對女人一輩子的「承諾」，我們有法律的約束、養育家庭和小孩的責任，我們怎麼可以放任那些慾望和本能，超越了自己的責任？

你一心動就真的去行動，你放任自己的慾望無限擴張。

那你跟動物有什麼兩樣？

不要只見新人笑，不見舊人哭。

你半夜跟別的女人情話綿綿，開心的滾床單時，曾跟著你風吹日曬、有一餐沒一餐的女人，正在家裡傷心難過，你知道嗎？

不管你的環境有多複雜，也不管你的身邊有多少誘惑，更不管你的女員工或異性朋友有多少委屈跟辛酸，一個心夠獨立強大的男人，一定會在已婚跟有家庭之後，徹底明確地將彼此的界線劃分出來。

你不會讓任何女人以為你有機會，
你不會讓任何女人以為她有希望。

不要以為你的女人，真被你蒙在鼓裡，
也不要以為你的女人，真的不敢跟你離婚，
更不要以為你的女人，真會為了小孩而犧牲求全。

忍，只是為了儲備力量；
不說破，是因為念及舊情。
當忍無可忍的時候，
寧願玉碎，也不為瓦全。

看不起曾經陪自己吃過苦的女人，
將會是你這一輩子最失策的決定。

美麗魔法 *19*
聰明女人，先搞懂「男人」這生物

男人啊，我們可以從四個部分來看：

「行動派的執行者、解決問題的高手、單一指令接受者、結果論主義者。」

☐ 一、行動派的執行者

男人跟女人逛街，往往很痛苦。為什麼呢？舉個例子：「當一個男人要買鞋時，他們腦中只會想著鞋。」所以一到賣場，他們的路線明確單一，直奔賣鞋的樓層是他們唯一的選擇，而鞋一到手，便能不留戀地直接離開。

但女人呢，她的路線複雜又不太規律，可能有放射狀、圓弧狀、甚至重複來回對角線，你說對腦中只有一條購物路線的男人來說，能不痛苦嗎？

二、解決問題的高手

　　大部分男人遇到問題時，都會不自覺想要解決，但如果問題是他們無法解決，可對方又一再提出的話，他們就會覺得提出問題的人很煩。

　　可是大多男人都誤會女人的意思了，女人提出問題雖然看似是希望能得到改善或解決，但更多的時候，她們只是希望你能「感同身受並且有同理心地」傾聽她們說話並且安慰她們，那對大多女人來說，也就夠了。

　　她們也知道有些事情，一時半刻無法處理，甚至有些問題對某些家庭來說，根本就沒有一個好的答案，這些你的女人都懂，不是她們想吵也不是她們想鬧，實在是壓抑得很辛苦啊！如果連對最愛的枕邊人，都不能吐露一點苦水；如果連這個大環境裡，最熟悉並且親密的人，都不願聽自己說一點心裡的話，你老要她忍，請問她是要怎麼忍？

　　忍字少了心在陪伴，只剩下刀刃在割阿，怎麼忍得下？

三、單一指令接受者

　　女人生氣的時候，可能會搞消失，目的是想讓你主動找到她；可能會不說話，目的是想讓你開口哄哄她；可能會臉很臭，目的是想讓你試著逗她笑。

　　但女人就是不愛直接下指令說：「我很生氣，過來安慰我，抱我、疼疼我。」因為一旦主動說出口，就成了「命令或拜託」。偏偏男人又接收不了模糊不清的指令，那對他們來說，太難。

　　例如，同時要男人幫妳拿洗面乳、卸妝乳，還有保濕乳液，他臉上一定會三條線，因為資訊太不明確。他要知道：「哪一牌的洗面乳、什麼顏色、外型大約長什麼樣、放在哪裡……」

　　又像是，報路時女人通常喜歡說：「前面右轉。」男人此時又會三條線，因為在他認知的前面，可能有三條巷子一個大路口，是紅綠燈那個路口轉？還是後面有便利商店的巷子轉？或是更後面那個閃黃燈右轉？

四、結果論主義者

　　女人往往會認為，男人婚前婚後差很大。那是因為對某些男人來說，結婚算是對自己、對長輩、甚至對女人，已經有了交代與結果，既然都已經完成了，自然就不會放太多心思。

　　婚後，男人的目標跟重心，已不在當初心愛的人身上，而是轉移到其他身上，可能是工作、興趣、甚至是自己。

　　但我想提醒男人，結婚對你來說或許是「結束」，但對女人來說「才正要開始」。如果心態不提早修正，可能真的會走到「結束」這條路。

　　男人、女人真的大不同，但只要願意多放點心思在對方身上，一定慢慢能將這差異改善到最小，有時候，什麼話都不用說，一個眼神，也就知道對方此時此刻在想什麼了。

別傻得以為，
妳鐵定離不開

　　有位讀者來信寫道：「剛生產完後，我就請育嬰假留職停薪在家照顧小孩，但目前期限已經快到，老公希望我乾脆辭職在家顧小孩，婆婆也說小孩還這麼小不能沒有媽媽。我其實很掙扎，想回職場上班，但又怕小孩的童年只有一次，沒有人陪伴會很可憐……」

　　看完信後，我想說的是「小孩的童年只有一次，但媽媽的人生也只有一次啊！」

　　妳可以陪伴孩子的童年，但不要把人生都「賠進去了」。何況，妳怎麼沒有陪伴？妳只是陪伴的時間少了，又不是把小孩送養就再也見不到，而且陪小孩的時間越長，並不等於就是越愛小孩的表現。

　　很多人的陪伴，根本只是在「耗時間」。

　　有種媽媽，雖然待在小孩身邊一整天，但只是放任小孩看電視，自己只顧著玩手機、追劇、打電動。小孩哭了覺得煩、小孩吵了就開罵，小孩的需求跟情緒都不想理會。

　　也有另一種媽媽，雖然只能在下班之後陪伴小孩，但她會陪小孩吃飯、陪小孩洗澡、陪小孩聊今天在幼兒園發生了什麼事情，休假時還會帶小孩出去走走。

　　妳覺得哪一種陪伴對小孩才是好的？
　　我認為陪伴的「質」，永遠勝於「量」。

　　當然，我很了解媽媽那種「每分每秒都不想錯過小孩成長」的心情。如果妳有一個「神隊友」，對妳體貼又溫柔，薪水高到不愁吃穿還專情到爆炸，走在路上根本自帶光環讓天下所有爸爸看到都自慚形穢的話，那妳想專心在家陪伴孩子，到他成年甚至結婚，我也沒意見。

　　但如果現實是，身邊這個男人總認為「照顧小孩本就是女人的責任」、「有拿點錢回家就是個好爸爸」、「從小孩出生沒泡過奶也沒換過尿布」，而婆婆也認為「男人出外工作很辛苦，回到家就是要讓他好好休息別做事」的話，那我只能跟妳說，妳沒工作，就等著被瞧不起。

妳可能想反駁說：「全職媽媽也是一份工作還更累！」

是沒錯，但不是每個人都這麼有同理心的，很多人從小就被灌輸「煮飯、洗衣、打掃、照顧小孩，都是女人該做的事」的觀念，在這種人的眼中，有收入的工作才叫工作，能拿錢回家幫忙的人，才是對家有貢獻的人。

妳試想，既沒工作也沒收入，身上存款又不多，老公覺得妳整天花他的錢，婆婆覺得妳只會用他兒子辛苦賺得的，到時候，人家會怎麼對待妳？

好事沒有妳，壞事一定都找妳；
好話不說妳，閒來無事就想唸唸妳。

妳原本以為放棄的只是工作，孰不知，妳放棄的是「妳的生活與尊嚴」。沒有經濟自主權的生活，就得每天在家看人臉色過日子，24 小時待命照顧小孩，沒休假、沒收入，好朋友漸漸不會約自己，因為妳除了難約之外還是難約。

是，妳的犧牲付出是讓小孩變得很愛妳也很黏妳沒錯，但有時候這種愛，反成了妳無形的壓力，越讓自己不敢離開小孩，就越怕小孩沒了自己不行。但小孩遲早會長大，等小孩越

來越大、漸漸不需要妳，開始為了學業、工作、男女朋友跟妳大吵大鬧，當老跟在自己屁股後面黏踢踢的乖小孩已不在，妳便會覺得生活彷彿失去了重心。

到時想回職場，也會因為脫離社會太久，內心充滿不安又缺乏自信，加上人老珠黃自身條件變差，工作不好找。反觀老公，越活越精彩，工作上的成就帶給他滿滿的自信和驕傲，跟社會緊密結合，人際關係互動良好，妳瞧瞧，他多為自己而活。

媽媽，陪伴不是要花上妳的一輩子去陪，重回職場也不等於是拋下小孩，對自己的人生有所規劃更不是自私，只有快樂的媽媽才能教出快樂的小孩，只有經濟獨立的女性，才能做個有自信的女人。加油了。

美麗魔法 *20*

即刻行動：
將「以後再說」變成「馬上去做」！

　　我們常給自己很多藉口不去做某些事情，例如：下班後沒有時間（時間用在滑手機）、需要顧小孩（其實是自己離不開）。太多次妳對自己說：「如果……我就去……」卻總是等不到那個如果。

　　從今天開始，帶自己去做一件從來沒做過，或一直拖延的事情吧！

　　列出妳的「馬上去做清單」，別忘了，為自己安排實踐的日期喔。

No day, but today

「馬上去做」清單

- [ ] 去一場高空彈跳
- [ ] 利用假日爬過三座山
- [ ] 換一個從沒試過的造型
- [ ] ＿＿＿＿＿＿＿＿＿＿（在 ＿＿＿＿ 前完成）
- [ ] ＿＿＿＿＿＿＿＿＿＿（在 ＿＿＿＿ 前完成）
- [ ] ＿＿＿＿＿＿＿＿＿＿（在 ＿＿＿＿ 前完成）
- [ ] ＿＿＿＿＿＿＿＿＿＿（在 ＿＿＿＿ 前完成）
- [ ] ＿＿＿＿＿＿＿＿＿＿（在 ＿＿＿＿ 前完成）

Day 21

一切的夢想，
都有可能成真

堅持努力付出之後，迎接妳的將是無比的痛快。

我想給走完 21 天的妳拍手，妳真的很棒。不知道妳有沒有發現，跟自己談戀愛是一件非常痛快、過癮，甚至是讓人上癮的事情？

記得去年五月，我偶然間看到一位國外網友的影片，這位網友是位看來再普通不過的中年大叔，某天開始運動並記錄每一天的變化。影片一開始看來沒有特別的感覺，但隨著一日一日過去，從十天、二十天，直到第六十、九十天，他整個人從普通大叔變成了精壯猛男，並且看起來整整年輕了十幾歲。

這部影片帶給我的震撼實在太大，我馬上傳到我的大叔群組跟朋友們分享：「我想要跟他一樣。」沒想到，卻換來好友們的調侃，不是說：「太難了，放棄吧！」就是取笑：「重新

投胎比較快。」

有時，就是要讓人狠狠踩在腳底下，才會想努力爬起來。

現在的我不敢說已經完成夢想，但當初取笑我的朋友，一個個都閉上了嘴，還反過來向我請教怎麼控制飲食和運動。群組也從原本每天的長輩問安圖，變為大家炫耀自己變化之處。

「夢想」，在想的當下會覺得很遙遠，那是很正常的，不用感到氣餒。妳又還沒開始做，當然遠，但當妳開始做的那刻起，妳離夢想實現，就只差 99 步而已。

「感情」其實也一樣，妳的人生要快樂還是哭泣，取決於妳的決心。妳明明都知道答案是什麼了，不做，妳的生活難道一覺醒來就會改變嗎？不要傻了，不會。

不做，永遠就只能這樣。

就像美麗魔法 1 中指甲彩繪師的案例，我們現在成了好友，她時常感謝我的書陪她走過低潮期，但其實不盡然是如此。是她自己的決心夠強烈，才有現在的幸福變化。

她白天上班，下午接兩個小孩回家，晚上要找時間去運

動，到了深夜才有時間準備隔天的飲食。幾乎天天這樣度過，這決心強到我都害怕。

我也曾收過讀者來信，感謝我讓她有勇氣離開家暴男，現在她跟小孩雖然日子有些苦，但她覺得很心安，不用天天提心吊膽，擔心半夜另一半酒醉回來鬧事或摔東西、打人。

其實，是她願意為了自己跟小孩拚一次，才能有現在的生活，我的功勞真的沒有這麼大。

有幾人能像上面兩位，鼓起勇氣、下定決心，狠狠地為自己活一次？

大多數人都活在羨慕別人的世界中，羨慕誰的身材好、羨慕誰的老公優秀、羨慕誰離婚之後還能遇到好男人……但妳要知道，他們能擁有現在讓人羨慕的生活，是當初的決心夠果斷，是執行時夠堅決，是他們沒有忘記如何愛自己。

改變的過程痛不痛苦？痛苦啊，但也很痛快。

當陌生人說：「妳怎麼看起來一點都不像兩個孩子的媽，身材也太好！」

痛不痛快？痛快。

當妳放了一張生活照，底下朋友都問：「妳體態怎麼保持的？氣色好好，笑起來好迷人！」
痛不痛快？痛快。

當妳從一段失敗的婚姻中重新站起來，讓之前取笑妳的人通通閉嘴。
痛不痛快？痛快。

那為什麼不從現在開始，就做個痛快的人？
妳還要消極多久、沉淪多久、浪費多少時間、怨天尤人到什麼時候？

妳若只有半吊子的決心，那也只能過上半吊子的生活。
不要讓人覺得妳只是說說，也別讓人小瞧了妳的決心。

即刻行動：擁抱嶄新的自己！

恭喜！妳終於走到了這本書的最後。

但旅程還沒結束，或許該說，妳的精彩日子正要開始。

人生難免有低潮失落，別忘了，當妳再次感覺難受時，回頭看看自己前面寫下的一字一句。希望妳能重獲繼續前進的動力。

現在就張開雙臂，

給自己一個大大擁抱！

記得，愛自己這回事，一輩子不嫌長。

Last but not least

立下「愛自己」誓約

我相信為自己努力，會累積未來的幸福。

我願意即使再愛，也要愛得有底線。

我願意相信自己，值得更好的明天！

_____   _____
　　　　　　簽名　　　　　　　　　　日期

第 *21+1* 天，
新的自己，現在開始！

　　我是口罩嫂曾樂兒，我不像老公這麼會分析和說話，寫後記真是燒死我的腦細胞了！

　　我是個很愛美食也很能吃的人，在我懷第一胎時，因為太幸福加上老公的餵食，當時體重達到 78 公斤，生完之後一直保持在 70 幾公斤的狀態。當時，口罩是職業軍人，常常不在家，我孤單一人在家帶著小孩，心情不好就是一直吃。眼看自己一天一天變得臃腫的身材，我非常憂鬱自卑。

　　當時的我，都不喜歡自己了，更沒有勇氣要老公好好愛著我。所以，我終於下定了決心要改變。

　　記得當初，連老公都被我嚇得直說：「帶小孩都這麼累了，為什麼還要運動？」「為什麼不吃最愛吃的蛋糕了？」「為什麼捨棄妳的紓壓管道『手搖飲料』，竟然改喝起

水……」那時，老公都說我瘋了。

　　但老實說，下定決心之後的心情是很痛快的。我的個性，「要嘛不做，但若要做，就做到底、做到最好！」

　　千萬不要相信男人說的那些「打扮化妝要幹嘛」、「不要亂花錢買多餘的衣服」的話。
　　拜託，女人的東西，哪有多餘？都是必須的好嗎。女人，哪有這麼好當？

　　再來，不管是在生活或是感情上，要有自己的堅持。
　　當妳什麼都無所謂、沒差、沒關係，美其名是善良，但其實就是沒個性、好欺負。

　　遇到愛妳的人，妳會被寵愛疼惜；
　　遇到不愛妳的，妳會被欺負到遍體鱗傷。

　　我很愛老公，但我也不會忘記怎麼愛自己。婚後，我們協議，我們要有個人能自由運用的時間。但我們都會提早申請，不會影響到彼此的工作。例如「爸爸日」，我想回娘家就回去，我要見家人朋友、要工作賺錢，就去。人要有錢才能心安，才能想買什麼就買、想幹嘛就幹嘛，不用看人臉色。

我這一輩子只看我父母的臉色，因為他們對我有養育之恩。其他的人，何德何能可以讓我受無理的氣？

　　投資在自己身上是最不吃虧、穩賺不賠的事。

　　我最常被問到「要怎麼讓老公像口罩男一樣貼心？」，溝通是一定要的。如果有心要改，講一次就改了，哪需要妳一直在旁邊唸著、抱怨著、督促著？事不過三，一件很簡單的事，如果答應了卻做不到，那理由別找這麼多，就是沒心而已。你怎麼對我，我就怎麼對你，別妄想我會持續付出或理所當然地愛著你。

　　改變自己，影響的是自己的人生。試圖改變別人，這麼吃力不討好的事情，還有可能是白做工、替人訓練老公，幹嘛做？不如把心思放在「讓自己變得更好」這件事上。

　　誰說女人越老越沒人要？我就要活得越老越有價值，越老讓老公越離不開我。
　　加油了！姐妹們。

——口罩嫂

Ziene

Dear Diary...

心情筆記使用說明：沒有規範，隨心寫出妳當下的心情感受！

Dear Diary...

國家圖書館出版品預行編目資料

我們愛過很多人，就是不曾愛自己：跟自己談一場
21+1 天的戀愛 / 口罩男作. -- 初版. -- 臺北市：三
采文化，2019.06
　　面；　公分
ISBN 978-957-658-172-4(平裝)

1. 戀愛 2. 兩性關係

544.37　　　　　　　　　　108007117

suncolor
三采文化集團

Mind Map　185

我們愛過很多人，就是不曾愛自己：

跟自己談一場 21+1 天的戀愛

作者｜ 口罩男
特別感謝｜ 口罩嫂
副總編輯｜王曉雯　責任編輯｜徐敬雅
美術主編｜藍秀婷　封面設計｜池婉珊　內頁排版｜陳育彤
攝影｜ JC　妝髮｜輕美學彩妝造型團隊　健身動作指導｜沈致承
行銷經理｜ 張育珊　行銷企劃｜呂佳玲

發行人｜張輝明　總編輯｜曾雅青　發行所｜三采文化股份有限公司
地址｜ 台北市內湖區瑞光路 513 巷 33 號 8 樓
傳訊｜ TEL:8797-1234　FAX:8797-1688　網址｜ www.suncolor.com.tw
郵政劃撥｜ 帳號：14319060　戶名：三采文化股份有限公司
初版發行｜ 2019 年 5 月 31 日　定價｜ NT$380
　　　　2 刷｜ 2019 年 7 月 15 日

著作權所有，本圖文非經同意不得轉載。如發現書頁有裝訂錯誤或污損事情，請寄至本公司調換。 All rights reserved.
本書所刊載之商品文字或圖片僅為說明輔助之用，非做為商標之使用，原商品商標之智慧財產權為原權利人所有。